Dezember

KW 1   **Woche von 30.12.19 - 05.01.20**

30. Montag

31. Dienstag

01. Mittwoch

02. Donnerstag

03. Freitag

04. Samstag

05. Sonntag

Januar

KW 2   **Woche von 06.01.20 - 12.01.20**

06. Montag

07. Dienstag

08. Mittwoch

09. Donnerstag

10. Freitag

11. Samstag

12. Sonntag

Januar

KW 3 **Woche von 13.01.20 - 19.01.20**

13. Montag

14. Dienstag

15. Mittwoch

16. Donnerstag

17. Freitag

18. Samstag

19. Sonntag

Januar

KW 4 **Woche von 20.01.20 - 26.01.20**

20. Montag

21. Dienstag

22. Mittwoch

23. Donnerstag

24. Freitag

25. Samstag

26. Sonntag

Januar

KW 5 **Woche von 27.01.20 - 02.02.20**

27. Montag

28. Dienstag

29. Mittwoch

30. Donnerstag

31. Freitag

01. Samstag

02. Sonntag

Februar

KW 6   **Woche von 03.02.20 - 09.02.20**

03. Montag

04. Dienstag

05. Mittwoch

06. Donnerstag

07. Freitag

08. Samstag

09. Sonntag

Februar

KW 7 **Woche von 10.02.20 - 16.02.20**

10. Montag

11. Dienstag

12. Mittwoch

13. Donnerstag

14. Freitag

15. Samstag

16. Sonntag

Februar

KW 8   **Woche von 17.02.20 - 23.02.20**

17. Montag

18. Dienstag

19. Mittwoch

20. Donnerstag

21. Freitag

22. Samstag

23. Sonntag

Februar

KW 9 **Woche von 24.02.20 - 01.03.20**

24. Montag

25. Dienstag

26. Mittwoch

27. Donnerstag

28. Freitag

29. Samstag

01. Sonntag

März

KW 10 **Woche von 02.03.20 - 08.03.20**

02. Montag

03. Dienstag

04. Mittwoch

05. Donnerstag

06. Freitag

07. Samstag

08. Sonntag

März

KW 11 **Woche von 09.03.20 - 15.03.20**

09. Montag

10. Dienstag

11. Mittwoch

12. Donnerstag

13. Freitag

14. Samstag

15. Sonntag

März

KW 12 **Woche von 16.03.20 - 22.03.20**

16. Montag

---

17. Dienstag

---

18. Mittwoch

---

19. Donnerstag

---

20. Freitag

---

21. Samstag

---

22. Sonntag

März

KW 13 **Woche von 23.03.20 - 29.03.20**

23. Montag

24. Dienstag

25. Mittwoch

26. Donnerstag

27. Freitag

28. Samstag

29. Sonntag

März

KW 14 **Woche von 30.03.20 - 05.04.20**

30. Montag

31. Dienstag

01. Mittwoch

02. Donnerstag

03. Freitag

04. Samstag

05. Sonntag

April

KW 15 **Woche von 06.04.20 - 12.04.20**

06. Montag

07. Dienstag

08. Mittwoch

09. Donnerstag

10. Freitag

11. Samstag

12. Sonntag

April

KW 16 **Woche von 13.04.20 - 19.04.20**

13. Montag

14. Dienstag

15. Mittwoch

16. Donnerstag

17. Freitag

18. Samstag

19. Sonntag

April

KW 17 **Woche von 20.04.20 - 26.04.20**

20. Montag

21. Dienstag

22. Mittwoch

23. Donnerstag

24. Freitag

25. Samstag

26. Sonntag

April

KW 18 **Woche von 27.04.20 - 03.05.20**

27. Montag

28. Dienstag

29. Mittwoch

30. Donnerstag

01. Freitag

02. Samstag

03. Sonntag

Mai

KW 19 **Woche von 04.05.20 - 10.05.20**

04. Montag

05. Dienstag

06. Mittwoch

07. Donnerstag

08. Freitag

09. Samstag

10. Sonntag

Mai

KW 20 **Woche von 11.05.20 - 17.05.20**

11. Montag

12. Dienstag

13. Mittwoch

14. Donnerstag

15. Freitag

16. Samstag

17. Sonntag

Mai

KW 21 **Woche von 18.05.20 - 24.05.20**

18. Montag

19. Dienstag

20. Mittwoch

21. Donnerstag

22. Freitag

23. Samstag

24. Sonntag

Mai

KW 22 **Woche von 25.05.20 - 31.05.20**

25. Montag

26. Dienstag

27. Mittwoch

28. Donnerstag

29. Freitag

30. Samstag

31. Sonntag

Juni

KW 23 **Woche von 01.06.20 - 07.06.20**

01. Montag

02. Dienstag

03. Mittwoch

04. Donnerstag

05. Freitag

06. Samstag

07. Sonntag

Juni

KW 24 **Woche von 08.06.20 - 14.06.20**

08. Montag

09. Dienstag

10. Mittwoch

11. Donnerstag

12. Freitag

13. Samstag

14. Sonntag

Juni

KW 25 **Woche von 15.06.20 - 21.06.20**

15. Montag

16. Dienstag

17. Mittwoch

18. Donnerstag

19. Freitag

20. Samstag

21. Sonntag

Juni

KW 26 **Woche von 22.06.20 - 28.06.20**

22. Montag

23. Dienstag

24. Mittwoch

25. Donnerstag

26. Freitag

27. Samstag

28. Sonntag

Juni

KW 27　　　　　　　　　　**Woche von 29.06.20 - 05.07.20**

29. Montag

30. Dienstag

01. Mittwoch

02. Donnerstag

03. Freitag

04. Samstag

05. Sonntag

Juli

KW 28 **Woche von 06.07.20 - 12.07.20**

06. Montag

07. Dienstag

08. Mittwoch

09. Donnerstag

10. Freitag

11. Samstag

12. Sonntag

Juli

KW 29 **Woche von 13.07.20 - 19.07.20**

13. Montag

14. Dienstag

15. Mittwoch

16. Donnerstag

17. Freitag

18. Samstag

19. Sonntag

Juli

KW 30 **Woche von 20.07.20 - 26.07.20**

20. Montag

21. Dienstag

22. Mittwoch

23. Donnerstag

24. Freitag

25. Samstag

26. Sonntag

Juli

KW 31 **Woche von 27.07.20 - 02.08.20**

27. Montag

28. Dienstag

29. Mittwoch

30. Donnerstag

31. Freitag

01. Samstag

02. Sonntag

August

KW 32 **Woche von 03.08.20 - 09.08.20**

03. Montag

04. Dienstag

05. Mittwoch

06. Donnerstag

07. Freitag

08. Samstag

09. Sonntag

August

KW 33 **Woche von 10.08.20 - 16.08.20**

10. Montag

11. Dienstag

12. Mittwoch

13. Donnerstag

14. Freitag

15. Samstag

16. Sonntag

August

KW 34 **Woche von 17.08.20 - 23.08.20**

17. Montag

18. Dienstag

19. Mittwoch

20. Donnerstag

21. Freitag

22. Samstag

23. Sonntag

August

KW 35 **Woche von 24.08.20 - 30.08.20**

24. Montag

25. Dienstag

26. Mittwoch

27. Donnerstag

28. Freitag

29. Samstag

30. Sonntag

August

KW 36   **Woche von 31.08.20 - 06.09.20**

31. Montag

01. Dienstag

02. Mittwoch

03. Donnerstag

04. Freitag

05. Samstag

06. Sonntag

September

KW 37 **Woche von 07.09.20 - 13.09.20**

07. Montag

08. Dienstag

09. Mittwoch

10. Donnerstag

11. Freitag

12. Samstag

13. Sonntag

September

KW 38   **Woche von 14.09.20 - 20.09.20**

14. Montag

15. Dienstag

16. Mittwoch

17. Donnerstag

18. Freitag

19. Samstag

20. Sonntag

September

KW 39　　　　　　　**Woche von 21.09.20 - 27.09.20**

21. Montag

22. Dienstag

23. Mittwoch

24. Donnerstag

25. Freitag

26. Samstag

27. Sonntag

September

KW 40 **Woche von 28.09.20 - 04.10.20**

28. Montag

29. Dienstag

30. Mittwoch

01. Donnerstag

02. Freitag

03. Samstag

04. Sonntag

Oktober

KW 41 **Woche von 05.10.20 - 11.10.20**

05. Montag

---

06. Dienstag

---

07. Mittwoch

---

08. Donnerstag

---

09. Freitag

---

10. Samstag

---

11. Sonntag

Oktober

KW 42   **Woche von 12.10.20 - 18.10.20**

12. Montag

13. Dienstag

14. Mittwoch

15. Donnerstag

16. Freitag

17. Samstag

18. Sonntag

Oktober

KW 43 **Woche von 19.10.20 - 25.10.20**

19. Montag

20. Dienstag

21. Mittwoch

22. Donnerstag

23. Freitag

24. Samstag

25. Sonntag

Oktober

KW 44 **Woche von 26.10.20 - 01.11.20**

26. Montag

27. Dienstag

28. Mittwoch

29. Donnerstag

30. Freitag

31. Samstag

01. Sonntag

November

KW 45 **Woche von 02.11.20 - 08.11.20**

02. Montag

03. Dienstag

04. Mittwoch

05. Donnerstag

06. Freitag

07. Samstag

08. Sonntag

November

KW 46 **Woche von 09.11.20 - 15.11.20**

09. Montag

10. Dienstag

11. Mittwoch

12. Donnerstag

13. Freitag

14. Samstag

15. Sonntag

November

KW 47 **Woche von 16.11.20 - 22.11.20**

16. Montag

17. Dienstag

18. Mittwoch

19. Donnerstag

20. Freitag

21. Samstag

22. Sonntag

November

KW 48 **Woche von 23.11.20 - 29.11.20**

23. Montag

24. Dienstag

25. Mittwoch

26. Donnerstag

27. Freitag

28. Samstag

29. Sonntag

November

KW 49 **Woche von 30.11.20 - 06.12.20**

30. Montag

01. Dienstag

02. Mittwoch

03. Donnerstag

04. Freitag

05. Samstag

06. Sonntag

Dezember

KW 50 **Woche von 07.12.20 - 13.12.20**

07. Montag

08. Dienstag

09. Mittwoch

10. Donnerstag

11. Freitag

12. Samstag

13. Sonntag

Dezember

KW 51　　　　　　　　　　**Woche von 14.12.20 - 20.12.20**

14. Montag

15. Dienstag

16. Mittwoch

17. Donnerstag

18. Freitag

19. Samstag

20. Sonntag

Dezember

KW 52 **Woche von 21.12.20 - 27.12.20**

21. Montag

22. Dienstag

23. Mittwoch

24. Donnerstag

25. Freitag

26. Samstag

27. Sonntag

Dezember

KW 53 **Woche von 28.12.20 - 03.01.21**

28. Montag

29. Dienstag

30. Mittwoch

31. Donnerstag

01. Freitag

02. Samstag

03. Sonntag

www.ingramcontent.com/pod-product-compliance
Lightning Source LLC
Chambersburg PA
CBHW070856220526
45466CB00005B/2012